すべてを手に入れた女には3つの顔がある

愛・名声・美貌…女の人生攻略メイク術

はじめに

INTRODUCTION

欲しいものをなんでも手に入れているように見える順風満帆な人と、

絶えずくすぶっている悩み多き人。

その分かれ道は、どこにあるのでしょうか。

僕のリサーチによれば、よく言われる「生まれつきの顔かたち」は、

さほど関係がありません。

ましてや、性格の良し悪《あ》しでも、身を粉にした努力の差でもない。

そこにあるのは、戦略と意識の差。

そして、その差はメイクで簡単に埋めることができるものです。

ヘアメイクアップアーティストとして、

一人でも多くの女性にメイクで幸せになってほしいと願ってきました。

そして、この10年間、多くの女性の人生を垣間見《かいまみ》ながら
「本当の意味で人生を豊かにするメイクとは、どんなメイクだろう」と、
考え続けてきました。

その結果、導き出したのは、
「すべてを手に入れる女の顔は一つではない」という真理。
彼女たちはいつも同じ自分ではなく、ＴＰＰＯ（いつ・どこで・誰と・何をする）に合わせて
立ち居振る舞いや存在自体をナチュラルに使い分けているという事実です。

なにも、スパイや多重人格者のように、
色々な顔を使い分けろという話ではありません。
僕がこの本を通して伝えたいのは、メイクで「３つの顔」を持つこと。

これこそが、誰でも簡単に幸せを手に入れられる近道だと思うからです。
「なんとなく」や「とりあえず」でメイクするのは、今日でおしまい。
幸せを掴《つか》みとるためには、メイクにも戦略が必要です。

傷つくことを恐れるあまり、「失敗をせず、辛くないことが幸せ」という
低め安定志向に浸ってしまうと、メイクも守りに入ってしまいがちです。
安心感だけでメイクをした顔には、意志も自信も宿りません。
ベーシックやシンプルのつもりでも、
芯が通っていなければ、それはただの地味。
人生は思ったより長いもの。
いつも同じ地味な顔で守りに入るには、早すぎると思いませんか。

CONTENTS

CHAPTER

3

第㊂章

CONTENTS

第一章

CHAPTER 1

いつどこを切ってもおんなじな

金太郎飴顔、もうやめませんか？

究極のコミュ力「3つの顔」メイクで幸せになれる理由

”キャリア、愛も美貌も。狙ったものはすべて手に入れる女の秘密は「3つの顔を使い分ける」こと“

ODAGIRI'S VOICE

古くからの知り合いに、狙ったものはすべて手に入れる女性がいました。初めて出会った頃は、ちょっとキレイな普通の女性という印象。しかし、みるみるファンを増やしてキャリアを積み上げ、モデルからタレントに。その間も常に恋が途切れることなく、最終的には「昔から憧れだった」大物スターと結ばれました。その舞台裏の一部始終を垣間見ていた僕は、彼女がシーンや相手によってコロコロと顔を変えることに気づきました。表情や声のトーン、立ち居振る舞いまで。仕事の場面でも恋愛の場面でも、求められる役割や相手のニーズを察知して演じ分けているのです。そんな彼女は「どうして欲しいものがなんでも手に入るんですか？」という僕の質問に、婉然《えんぜん》と微笑みながら答えました。

「それはね、3つの顔を使い分けているからよ」

”たとえどんな美女でも
一つの顔しか持たない女は
やがて飽きられる“

ODAGIRI'S VOICE

すべてを持っている女が戦略的に使い分ける、3つの顔。この話を聞いた当時は「彼女は特別なのだろう。他の人には真似《まね》できるわけがない」と思ったものです。ところが、一度そういう視点で観察してみると、恋愛で勝っていく人や人気が出て活躍している人は、多かれ少なかれみんな3つの顔を持っていることがわかってきました。これは女優やモデルだけの特別な話ではなく、一般の女性でも同じ。「すべてをかっさらっていく女」「いい感じにのし上がっていく女」の顔は、決まって一つだけではないのです。「美人は3日で飽きる、ブスは3日で慣れる」と昔から言いますが、これは「どんな美女でも一つの顔だけでは3日で飽きる、見た目に限らず3つの顔があれば虜《とりこ》にできる」と言い換えられるのではないでしょうか。

メイクルームで、恋愛の話になるのは日常茶飯事。誰もが羨《うらや》む美貌の持ち主から「どうしてずっと彼氏ができないんだろう」、「なんで毎回長続きしないんだろう」と相談を持ちかけられることも。
思うに、問題は、容姿や性格ではないようです。可愛くていい子だけれど、どんな瞬間、どこを切っても金太郎飴《あめ》のように可愛い良い子。裏表がないというのは良いことのように思われがちですが、一本調子な魅力はやがて色褪《あ》せて見えてしまうものです。

その点、３つの顔を持つ女は、豊かな振り幅で関わる人を魅了し続けます。いつも同じ顔ではなく、シーンや人に合わせて、立ち居振る舞いや言動、メイクやファッションまで使い分けます。「３つの顔を使い分ける」と聞くと、あざとく聞こえるかもしれません。しかし、相手にとって心地いいことや、その場にふさわしいことに目を配る能力はコミュ力の一種。「３つの顔」を持つことは、状況に合わせて輝く方法を見極めて選び取る、ＴＰＰＯ対応力なのです。

一本調子な魅力は
やがて色褪せて見えてしまうもの。
3つの顔を持つ女は、
豊かな振り幅で関わる人を魅了し続ける

レースブラウス¥6,000（レディメイド）、インナーキャミソール（スタイリスト私物）

では、具体的に「3つの顔」とは、どんな顔を指すのでしょう。僕が長年のリサーチに男目線を加えて導き出したのは、「少女」・「母性」・「小悪魔」の3つ。その他大勢に紛れることなく男心を惹きつけ、さまざまな場面で効力を発揮する組み合わせです。

”少女、母性、小悪魔。この3つの顔をマスターすれば人生がうまく回り出す“

ODAGIRI'S VOICE

まず、一つめは「少女」。表現したいのは、大人のピュアネスや可愛げ。男性の中にある「女性をリードし、守りたい」という気持ちをくすぐる顔です。特に、波に乗って突き進んでいる男性には効く「寄り添ってほしい」顔。大人の女性が鎧《よろい》を脱ぎ捨て、無防備なか弱さを垣間見せることで、どきっとするギャップを演出できます。ビジネスの場面でも、あえて相手を優位に立たせ、一歩引いてサポートに徹する場面で有効です。

次に「母性」ですが、もちろんリアルなお母さんという意味ではありません。母性的な包容力と余裕に、女性としての現役感をプラスした、どんな男性の心にも響く顔です。男はみんなマザコンというと極端ですが、母から生まれ、母という愛情の元に育った男性は、どこかで女性に母的要素を求めるもの。数パーセントの甘えたい気持ちや、安心感を求める心に訴えかけやすく、彼が弱っているシーンでは効果てきめんです。仕事では、後輩を育てる場面ではもちろん、相手を尊重して受け入れつつ自分の意志も伝える交渉の場面で力を発揮します。

最後は、「小悪魔」。女性の内に秘めたミステリアスな魅力を引き出し、媚《こ》びることなく惹きつける魔性を目覚めさせます。恋のシーンでは、冒険したい相手や迷っている相手に効くほか、何にもなびかない男性に「今まで出会ったことのない魅惑的な女」をアピールするのに最適。意志を通したい大事なプレゼンや、絶対的自信を持って推し進めるためのカリスマ性をまといたいときに使いたい顔です。

唇にもお色直しが必要。
まずは、
一日中同じ顔で
過ごすことをやめる

右・SUQQU エクストラ グロウ リップスティック 15 ¥4,000 中・THREE デアリングリィデミュアリップスティック　09 ¥3,900 左・エトヴォス ミネラルアイバーム サニーピンク ¥2,500

３６５日、同じブラウンシャドウに、ピンクベージュのリップ。失敗知らずで安心な代わりに、感動も喜びもないメイクに飽き飽きしていませんか？　脱マンネリの一歩を踏み出すとき。いきなり３つの顔を使い分けるのはハードルが高いという人に試してほしいのが、一日の中でメイクの「お色直し」をして、印象を変えるリハビリ。いつも同じマンネリ顔で過ごすことをやめるための準備運動です。

ランチ休憩や夜、出かける前に、リップの色をチェンジしてもいいし、目元に色やツヤを足してもいい。見慣れた顔がマイナーチェンジすることで、麻《ま》痺《ひ》していた「新しいことに挑戦してみたい」という好奇心や、「もっとキレイになれるんじゃない？」という向上心がむくむくと目覚めるはずです。可もなく不可もないマンネリメイクの退屈さは、いつしか自然と心にまで染み付いてしまうもの。安全安心を第一に守りに入るばかりでは、表情や振る舞い、選ぶスタイルまで地味に汚染されてしまいますよ。

”何もしないこと＝シンプルじゃない。地味との境界線は芯があるかどうか“

ODAGIRI'S VOICE

ワンオブゼム（one of them 大勢の中の一人）に埋もれたくなければ、今日から守りに入ったメイクを見直して、安心安全のぬるま湯から抜け出すべき。僕が見る限り、地味の沼にはまっている人は、「地味＝シンプル＆ベーシック」を履き違えているケースが多いのです。シンプルというのは、まっさらな何もしていない状態を指すのではありません。シンプルな人は「何をして何をしないか」を明確な意志と美意識を持って選択しています。

ベーシックもそう。自分にとって何が本質的なのかを問いかけ、意識的に取捨選択しているものです。地味とシンプル＆ベーシックの分かれ目は、一本筋が通っているかどうか。なんとなくとりあえずで芯がないまま流された「何もしない」「ずっと変えない」は、ただの地味に過ぎません。

思い描く幸せ像が、「辛いことが何もない」「失敗しないこと」ならば、教科書通りのすべてが平均値なメイク、安心安全なコンサバなメイクのままでも良いでしょう。でも、あなたが少しでも胸に秘めた欲望を叶《かな》え、欲しいものを手に入れたいと願うなら、退屈なメイクは今すぐに脱ぎ捨ててほしいのです。退屈な鎧《よろい》で、せっかくの個性や魅力を覆い隠すのはやめましょう。就職活動など、平均値のコンサバメイクが必要なシーンもあると思います。しかし、必要もないのにただの習慣でなんとなく続けているなら、今すぐ脱却すべき。人は、他人をファーストインプレッションで判断するもの。大量生産型メイクのままでは、一瞬でその他大勢の「記憶に残らない脇役」のカテゴリーに入れられ、ぞんざいに扱われてしまいます。運命の出会いをする人は、ワンオブゼムに甘んじません。恋でも仕事でも、「代えの利かないメインキャスト」と認められた者だけが運命に出会えるのです。

「私にはこれが似合うから」といつも同じようなアイテムばかりを選んで安全圏にいる人に、逆療法的におすすめしたいのは、あえて「似合わない」と思い込んでいるものを選んで塗ってみること。いつもの自分だったら選ばない色のリップを塗ってみるのも良いでしょう。難しく聞こえるかもしれませんが、おしゃれな人は違和感ギリギリの色をつけこなしてポイントや個性にするもの。最近は、アイシャドウベースやリップ下地、肌色補正効果のある下地もたくさん出ていて、似合うようにする方法の幅も広がっています。それに、化粧品自体の技術も進化しているので、「絶対に無理」だと思い込んでいたものが、実際に塗ってみたら意外に似合うことも多々あります。もし、似合わないと感じても、塗る順番や範囲を変えて、つけこなす努力をしてみてください。今までと違う自分を発見するために、ときにはネガティブをポジティブに転換させる、ショック療法も効果的です。

ときには
「いつもは選ばない色」
のリップを塗って
自分の殻を破って

ピアス￥14,000（ジュエッテ）、ワンピース（スタイリスト私物）

”鏡に向き合い
スイッチをオンにする
メイクの
自己暗示効果“

ODAGIRI'S VOICE

メイクをしている途中で、それまで世間話をしていた女優が急に黙って、表情がガラッと変わることがあります。女優スイッチ、オン！　見た目が変わった自分の姿を鏡で確認することで、スイッチが入る瞬間です。メイクを通して、演じる役や女性像のイメージにシフトするのが、演じるプロ。でも、メイクでスイッチが入るのは、一般の女性も同じなのです。かつて美容部員時代に、年齢問わずたくさんのお客さまのメイクをしてきましたが、僕は必ず鏡を見てもらいながらするようにしていました。それは、メイクで変身する姿を目で見ることで、「私はキレイ」「メイクで変わることがうれしい」というマインドチェンジが生まれやすくなり、視覚を通した自己暗示のスイッチが入るからなのです。

いきなり３人の女を演じ分けなさいと言われても、女優や多重人格者でもない限りは難しいでしょう。頭ではわかっていても、いざとなるとできないのが普通の人間というものです。ましてや、メンタルにアプローチして自分を変えるなんて、すんなりできるはずがありません。

そこで、メイクの魔法である視覚効果&自己暗示効果の出番。たとえば、魔性とはほど遠い良い子ちゃんでも、鏡に映った自分の顔に「小悪魔メイク」が施されていたら、その視覚効果に引っ張られて自分の中に眠っている「小悪魔」な部分が立ち現れるはず。演じることはできなくても、「３つの顔」のメイクさえ覚えれば、少女にも母性的な存在にも、小悪魔にもなれるのです。メイクの視覚効果で、「３つの顔」を持つ女になる。誰の迷惑にもならない、自分だけの小さな企《たくら》みです。たかがメイク、されどメイク。メイクの持つ自己暗示効果を、最大限に利用しましょう。

ただの〝作業〟として漫然とメイクしていては、メイクの自己暗示効果を生かしきれません。デート、仕事、女子会……いつどこで誰と会い何をするためのメイクなのか、そのメイクを施すことによってどんなうれしいことが起きてほしいのか。イメージを膨らませて、ワクワクと〝良き妄想〟をしてほしいのです。明確なゴールを持ち、そのイメージに近づけることで、目的に似合う顔に仕上がります。間違っても、「この人何がしたいんだろう……」という、曖昧《あいまい》な顔にはなりません。イメージに近づける過程で、「これでＯＫだな」と思ったらそこでやめることができるから、濃くなりすぎたり、とっちらかった具沢山の失敗メイクに陥ったりすることも避けられます。気持ちを盛り上げるために、イメージに似合う音楽をかけたり、香りを漂わせたりするのも効果的。３つの顔を持つ女は、メイクを巧みに利用して、自分を魔法にかけることができるのです。

ただの〝作業〟では
魔法はかけられない。
良き妄想を膨らませて
メイクしよう

”いつもと違うメイクが見慣れなくても大丈夫。新しい顔には30分で慣れる“

ODAGIRI'S VOICE

美容部員時代、お客さまにメイクをするとごくたまに「似合わない気がする」「濃すぎない？」などと言われることがありました。そんなとき、強気な僕は「売り場を一周してきてください」とアドバイスしていました。だって、似合わないのではなく、見慣れないだけだから。

実際、戻ってくる頃には「意外にいいかも」と満足する人がほとんどでした。マンネリ期間が長い人ほど、新しいメイクに違和感を抱きがち。その場ですぐ「似合わない」と判断するのは、時期尚早だしもったいない。勇気を出して、その顔で30分過ごしてみてください。その間に目が慣れて意外にしっくりきたり、周囲から褒められて気が変わったりするものなのです。それでも気に入らなければ、クレンジングすればいいだけの話。

案外、自分の顔は自分が一番わからないもの。人はあなたより、あなたの顔を見ています。三面鏡愛用者でもない限り、自分が良く見える表情で正面から見てメイクをしている人がほとんどでしょう。しかし、人があなたを見ているのは、正面から以外の角度やキメ顔以外の表情。伏し目だったり、横顔だったり、笑っているときや話しているときの顔です。ワンパターンだったメイクの振り幅を広げ、自分をアップデートするためには、ある程度の冒険が必要です。

そして、メイクで冒険したときは、自分の感覚に頼るだけではなく、必ず周囲からの褒められ率や反応を意識しましょう。自分が「似合わない」と思っても、人の評価が良い場合はちゃんと耳を傾けて。メイクを変えたとき、直接その話題にならなくとも、寄ってくる男性のタイプや、依頼される仕事の質がなんとなく変わってきたりするのもよくあることです。「似合う」や「自分らしさ」は、意外と自分一人では見つけられないものです。

「メイクで3つの顔を持ちましょう」というと、そんな難しいことできるわけがない！　とかまえてしまう人もいるかもしれません。安心してください。「3つの顔」メイクは、実はとっても簡単なんです。

平たくいえば、全部のパーツを頑張ってメイクするのではなく、主張するポイントを一箇所に絞った〝一点豪華主義〟メイク。高度な技は必要なく、顔のパーツを一つだけ思い切り引き立たせることでイメージをガラッと変えるメイクなのです。あとのページで詳しく説明しますが、少女は眉、母性はリップ、小悪魔は目元を思い切り際立たせます。いつも完璧《かんぺき》な教科書メイクで頑張っている人にとっては、かえって時短になるのではないでしょうか。全部に力を注ぐのではなく、一点豪華主義のコントラストで魅了する。それが、僕の提案する「3つの顔」メイクです。

一つのパーツを強調し、他は潔く引き算。3つの顔を作るのは意外に簡単

トップス ¥8,500 (DURAS)、ピアス ¥5,900 (imac)、インナー(スタイリスト私物)

「隠すことで安心したい」というメンタルは、メイク手法に現れます。コンプレックスやエイジングサインをひた隠しにするメイクは、その人の持つ個性や真の魅力まで隠しがち。それどころか、崩れたときに余計に〝隠蔽感《いんぺいかん》〟を悪目立ちさせてしまうのです。

”一箇所強調メイクはチャームポイントを見つける一番の近道“

ODAGIRI'S VOICE

自分のコンプレックスに寄り添う姿勢は、人間的な深みや度量、ひいては色気に繋《つな》がります。思い通りではない部分を隠して萎縮するより、欠点はオープンにしたまま、個性を引き立てチャームポイントで目を惹いた方が、人として魅力的に見えるもの。とはいえ、自らの魅力を自分で発見するのは、簡単ではありません。そこで、隠蔽癖をリセットし、自分でも気付かなかった魅力を発見するガイドになるのが、一点豪華主義の「3つの顔」メイクです。

自分の魅力って、当の本人は案外気付けないもの。たとえば、目が小さいことをコンプレックスに思う人が、一生懸命に目を大きく見せるメイクをしたところで、そこには自信のなさが透けて見えてどこかフェイクな感じに見えてしまいます。一方で、実はその人が世にも魅力的な唇の持ち主だとしたら、目は放っておいてリップメイクで唇を思い切り引き立たせた方が断然素敵だと思いませんか？　一つのパーツを目立たせる「3つの顔」メイクは、思い切ったコントラストで自分の顔に秘められた新しいチャームポイントに気付くヒントをもたらしてくれます。

これまで、メイクで人生を変えた人をたくさん見てきました。しかも、これからはすべてがパーフェクトな美人より、個性的なバランスのオンリーワン美人が脚光を浴びる時代という追い風も吹いています。「3つの顔」メイクで、自分の顔の新しいバランスを開拓して、あなたの心が本当に求めるものを手に入れましょう。

第
二
章

CHAPTER2

3つの顔メイク❶

大人のピュアさや可愛げを体現

「守りたい」本能をくすぐる

「少女顔」メイクの作り方

天真爛《らん》漫《まん》さは女の最強の武器

「少女」顔 メイク

MODERN GIRLY FACE

若作りや子供っぽさとは一線を画する
大人の女性がふと見せる、無《む》垢《く》で可《か》憐《れん》な表情。
桃のようなベビースキンに、意志を宿す眉。
その穢《けが》れなき佇《たたず》まいは、凜《りん》としていながら
子猫のように可憐なか弱さを漂わせている。
導き守ってあげたくなる、放っておけない女性。

こんなシーンに効果的:

- 草食系、不器用な男性に対して
- 波に乗っている多忙な男性に
- 初心さやフレッシュさをアピールしたい

Imagine!

「少女顔」ってたとえばこんな女性

風が吹いたときに髪からふわっと感じる芳《かぐわ》しい香り。
白や生成りといったナチュラルな風合いの
ブラウスがよく似合う。
無造作に束ねた抜け感のあるヘアスタイルは
清潔感が漂う。
タレントでいうなら:
綾瀬はるか、新垣結衣が持つ媚びのない透明感のある
雰囲気

右上・ふんわりフォルムの白トップスに体を泳がせて。ブラウス(スタイリスト私物)　右下・男女ともに好かれる香り。ファイブハーブス リペアリングシャンプー　300ml ￥2,600(ロクシタン)

レースブラウス￥6,000（レディメイド）、インナーキャミソール（スタイリスト私物）

”媚びや若作りとは無縁。大人の女性のピュアネスを引き出す最強の可愛げメイク“

ODAGIRI'S VOICE

大人になるほど、可愛げのさじ加減は難しくなるのが現実。少しでも媚びや若作りの作為が見えると、途端に痛々しい印象になってしまいがちです。すべてを手に入れる「少女顔」メイクの鍵は、眉。他のパーツは赤ちゃんのようなピュア感に仕上げつつ、丁寧に仕立てた眉で大人ならではの意志と知性を宿します。凛とした大人の女性が、ふと垣間見せるあどけなさは、男心をときめかせるもの。少女のような穢れのなさと、大人ならではの知性や意志を兼ね備えた

「少女顔」は、草食系や不器用なタイプとの距離を縮めたいときや、癒やしを求める多忙な男性の心を掴むのに効果的です。恋愛以外の場面でも、初心《うぶ》さやフレッシュさをアピールしたいときや、相手を優位に立たせてサポートしたいときに取り入れてみて。

KEY PARTS

ひと目でわかる「少女顔」メイクチャート

「眉」

Eyebrow

地眉のブローから
仕立てていく緻密な
プロセスで、
毛並みしっかりの
意志強め眉を

「目」

Eye

白目をクリアブルーに
見せるネイビーの
アイラインを
仕込んで、
清楚でピュアな瞳に

「頬」

Cheek

〝チーク〟というより
目指すは〝桃肌〟。
顔の下半分に
なじませる

「唇」

Lip

ソフトマットなピンクで、
本物の無垢を表現

「肌」

Base

質感はセミマット。
ファンデーションの
武装感が出ぬよう、
パウダーの極薄ヴェールで
仕上げる

〝少女顔〟をメイクで引き出す 絶対的ルール

RULE 1：

ポイントは眉！ これでもかというほど、丁寧に、そして存在感強めに仕上げる

››PAGE40

必要以上のメイクをまとわないのが少女顔。けれど、大人にとっては
この〝ナチュラル〟さがアダとなり〝手抜き〟とも取られかねません。
顔にメリハリを与えるためにも、眉を入念に整えて強め、「意志ある顔」に。

RULE 2：

大人のピュアさを引き出すには、くすみピンク一択！ 目、チーク、唇はこれ一つで完成！

››PAGE48

少女と言えば可憐なピンク。でもよりによってくすみ色？ と思うかもしれませんが、
年齢を重ねた肌に、いわゆるパステルピンクではかえって浮いてしまうのです。
くすみ肌にもうまく溶け込む色を使用し、限りなく自然に可愛らしさを演出しましょう。

湿度のあるクリームベース。するするとのび広がり肌に溶け込むように密着。コスメデコルテ　クリーム ブラッシュ PK850 ￥3,500

RULE 3：

赤ちゃん肌はセミマットが正解。ミネラルファンデーションをブラシでつけて透明感を引き出す

赤ちゃん肌＝ツヤ肌と思いがちですが、リアルな赤ちゃんの肌は、たとえるなら桃のような、
潤いを内側に湛《たた》えたセミマット肌。
そして、皮膚が透けるような繊細さも持ち合わせています。それを再現できるのが
パウダーファンデーション。ブラシに含ませたら、くるくるしながら肌に薄く密着させて。
気になるくすみや赤みは、筆先でトントンしながら重ね塗りしてカバーを。

右・粉含みの良いリッチな毛量で、肌へ均一にパウダーをのせることができる。MiMC リンパドレナージュパウダーブラシ ￥8,800 左・透明感とツヤ感のある仕上がり。スキンケア成分を配合し、下地なしでもしっとり密着する。エトヴォス　タイムレスシマーミネラルファンデーション SPF31・PA+++ 全4色 ￥4,600

KEY PARTS ▼

「眉」

☑ Eyebrow

少女顔メイクの完成度を握るのは
意志を感じさせるキリッとした眉。
アイテムを駆使すれば、
誰でも洗練美眉が手に入る

A・淡くツヤっぽい発色で、リアルな毛になりすます。エレガンス　アイブロウ リクイッド BR21 ￥3,000 B・「剛毛の人、密度の多い人、途中でプツッと切れている境目におすすめ」軽いタッチで描けるペンシル。NARS ブローパーフェクター 1133 ￥2,900 C・ブラウンもピンクブラウン眉も描ける2WAY仕様。コーセー　ヴィセ リシェ カラーリング アイブロウ パウダー　BR-4 ￥1,200(編集部調べ) D・「いつの時代でもこのブラウンはなじみがいい！」。地肌にベタッとつかず優秀。エテュセ　カラーリングアイブロー N a ブラウン ￥1,500 E・細い平筆で狙った部分を的確に描く。M・A・C　アングルド ブロウ ブラシ 208S ￥3,700 F・眉以外にも、産毛、まつげを整えるときに使えるので長さのあるものが◎。アディクション　アイブロウブラシ スクリュー ￥1,400

ごくナチュラルな少女顔メイク。でもすべてが〝ほわん〟とした優しげメイクでは「間抜け」に。だから意志と知性を眉メイクに仕込む

ODAGIRI'S VOICE

眉メイクには、何を使っていますか？ ペンシル派、パウダー派、仕上げにマスカラを塗る派……などいるかと思いますが、もしこれに当てはまるなら、あなたの美しさにはまだ伸びしろがあります！ というのも1アイテムでササッと作った眉には立体感と洗練度が足りません。パウダーは広い範囲を自然に描く、ペンシルは狙った部分をピンポイントに描き足す……etc.と、各々適した使い方が存在します。そして付属の小さなブラシは使わずに（外出先でのお直しで使いましょう）、ブラシ類は専用の長いものを使ってください。アイテム&道具の相乗効果で、眉はもっとボリューミーでリアルなものに仕上がります。ふんわり可愛らしい少女顔メイクこそ、眉は戦略的に整える……緻密な眉作りがこの顔の鍵になります。

眉を描く前のTHE下準備

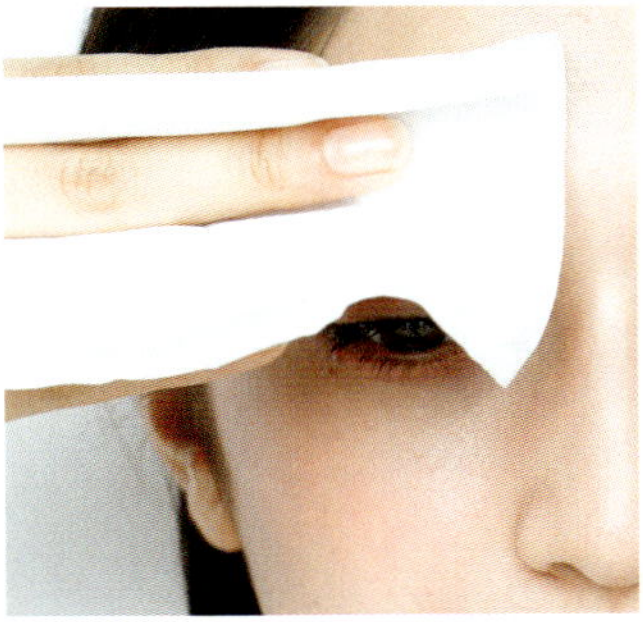

1 ティッシュで油分をオフ

まずは余分な油分をオフしておくことで、眉のメイクもちが断然UP！ ティッシュで軽く肌を押さえておきましょう。ごしごしこする必要はありません。

2 皮脂吸着パウダーを仕込む

皮脂吸着パウダーをブラシに取り、毛を逆撫でするようにさっとひとはけ。地肌にパウダーを入れ込むことで、さらにヨレにくく、その後に行う眉メイクのりも良くなります。

白浮きしない肌なじみの良いカラー。NARS ソフトベルベットプレストパウダー 1455 ￥5,000、ブラシ／私物

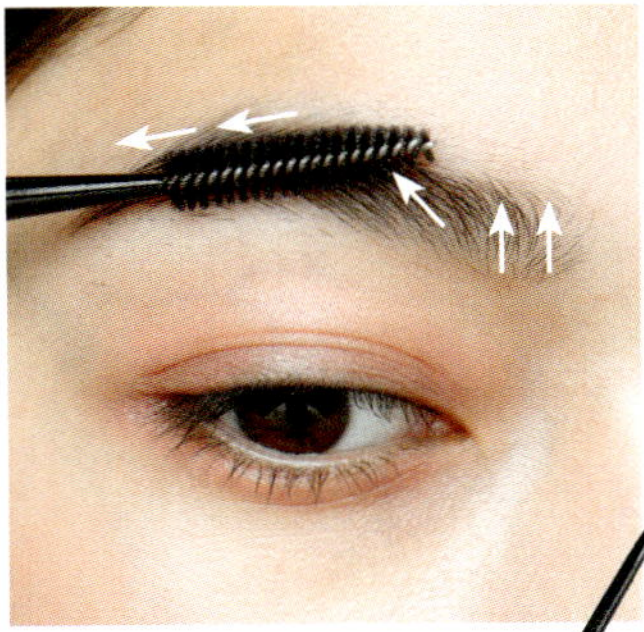

3 スクリューブラシで毛並みを整える

2で逆撫でして乱れた毛並みを、スクリューブラシでキレイにとかします。毛並みを整えるのは、メイクが必要な場所を正しく見極めるためにもマストなプロセス。

天然毛のような肌あたり。アディクション アイブロウブラシ スクリュー ￥1,400

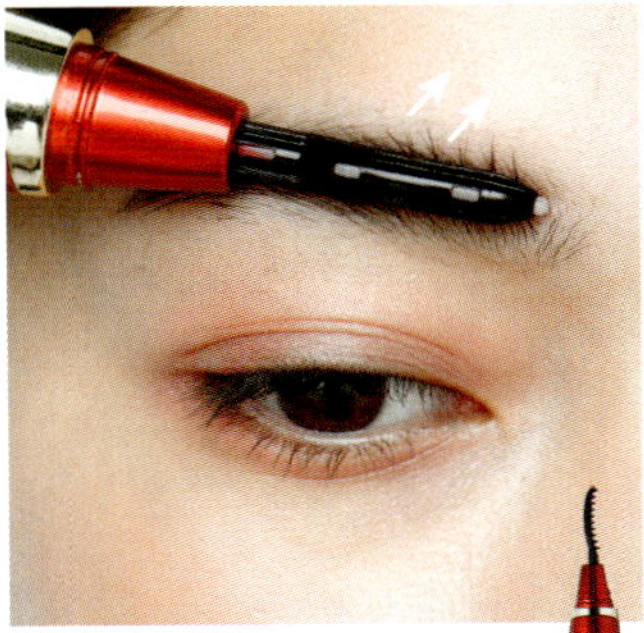

4 ホットビューラーで毛流れを定着

まつげ用のホットビューラーを眉にも。3と同様に、毛流れに沿ってとかし、眉頭の毛はやや内側に向けて立ち上げて。これをすると立体感が出て、横顔の眉もキレイに見えてきます。

速やかに温まる。ハリウッドアイズ　ホットアイラッシュ・カーラー ￥2,666（グッズマン）

なぜ「少女顔」には 眉が重要なのか？ 眉頭1cmに宿るモノとは？

眉頭は「意志と知性」の象徴。
形よりも、濃さよりも
こだわるべきは毛並み！
ふっくらとした立体感が理想

ODAGIRI'S VOICE

P39のミネラルファンデーションで透けるような繊細肌に仕立てたら、次に取り掛かるのが目元、眉。眉は全体で見れば狭い範囲ですが、髪と同様、毛である以上、扱いは厄介で、簡単に立体感は手に入りません。いきなり眉ペンシルで描いてはいけません。髪をブローするのと同様、眉の生え癖をキレイに整え地ならししてから、ようやく「描く」ことができるのです。P43の手順で〝下ごしらえ〟を忘れずに行ってください。そしてここからは、眉頭1cmが勝負！　眉頭の毛がふさっと立ち上がっているようなメイクをすると、驚くほどリアルな立体感とフレッシュな生命力が宿ります。大人の〝可愛いげ〟は、意志と知性がプラスされることで成立します。だからこそ、強い眉でバランスを取ることが大切なのです。

HOW TO 眉の仕立て方

1
眉頭1cmを残して全体をパウダーで描く

下のアイブロウパウダーの★をブラシで混ぜて、くすみピンクブラウンに。眉頭1cmを除いて眉全体を描き、色のニュアンスを加えます。

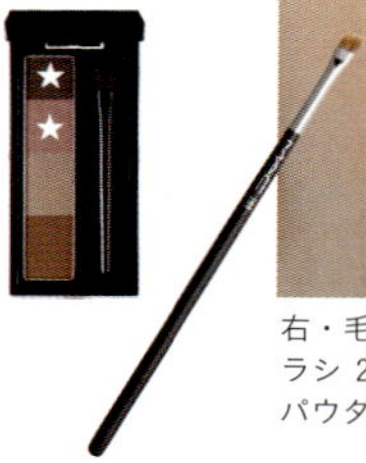

右・毛の細かな隙間を縫って描ける細平筆。M·A·C アングルド ブロウ ブラシ 208S ¥3,700 左・コーセー ヴィセ リシェ カラーリング アイブロウパウダー BR-4 ¥1,200（編集部調べ）

2
リキッドで眉頭の毛を3〜5本描き足す

眉頭の毛量を演出するため、リアルな毛が1本ずつ描けるリキッドアイブロウを使います。筆の先端を使い、3〜5本、放射状に縦に描き足します。

コシのある筆は極細で描きやすい。耐久性が高く、長時間にじまない。エレガンス アイブロウ リクイッド BR21 ¥3,000

3

眉頭以外の足りない部分の毛をペンシルで補う

毛の隙間が空いている部分があれば、ペンシルでピンポイントに描き足します。眉頭1cmはあえて手を加えず、隙間を残して毛並みを強調します。

繊細に描ける極細芯だから、のっぺりしない。強度があり折れにくい。NARS ブローパーフェクター 1133 ￥2,900

4

髪色が明るい人は眉マスカラを。眉全体を軽く撫でて

眉毛をカラーリングするというよりは、パール感で奥行きを出すためのプロセス。毛流れに沿って表面にさっと塗って。根元は黒くてもOK！

さらりとしたテクスチャーで、眉のふさっと感をキープ。エテュセ カラーリングアイブローN a ブラウン ￥1,500

5

眉下にはコンシーラーで一筋の光を入れて洗練度UP

眉下中央から眉尻にかけて明るめの色のコンシーラーでスッと線を引くと、エッジがほど良く整い美眉に。女優さんにも実践しているテクニックです。

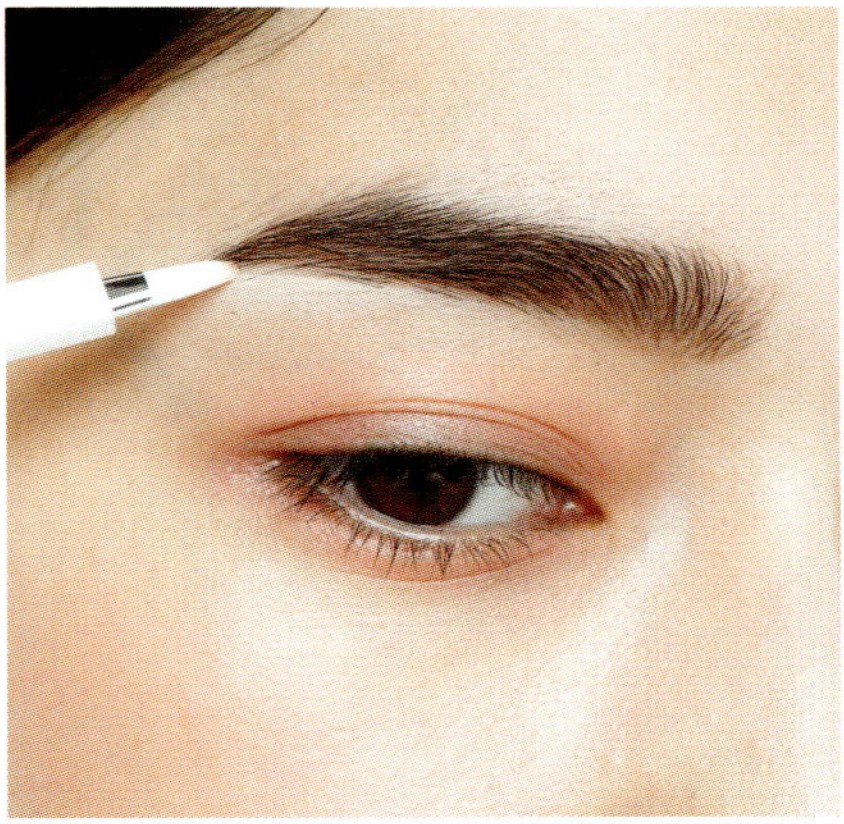

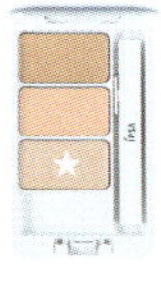

肌に柔軟にフィットしヨレにくい。イプサ クリエイティブコンシーラー EX SPF25・PA+++ ￥3,500

HOW TO MAKE

「目」

Eye

ネイビーのインサイドラインで
ソフトにエッジを取りながら、
白目の透明感を底上げ

A

ネイビーのリキッドアイライナー

B

くすみピンクのチークをアイシャドウに

A・適度にコシのある筆は安定感があり、キワを埋めるラインにも最適。一度で鮮やかに発色する。コーセー　ヴィセ リシェ カラーインパクト リキッドライナー BL940 ¥1,000（編集部調べ）B・クリームチークをまぶたに使用。コスメデコルテ　クリーム ブラッシュ PK850 ¥3,500

HOW TO 少女顔アイ

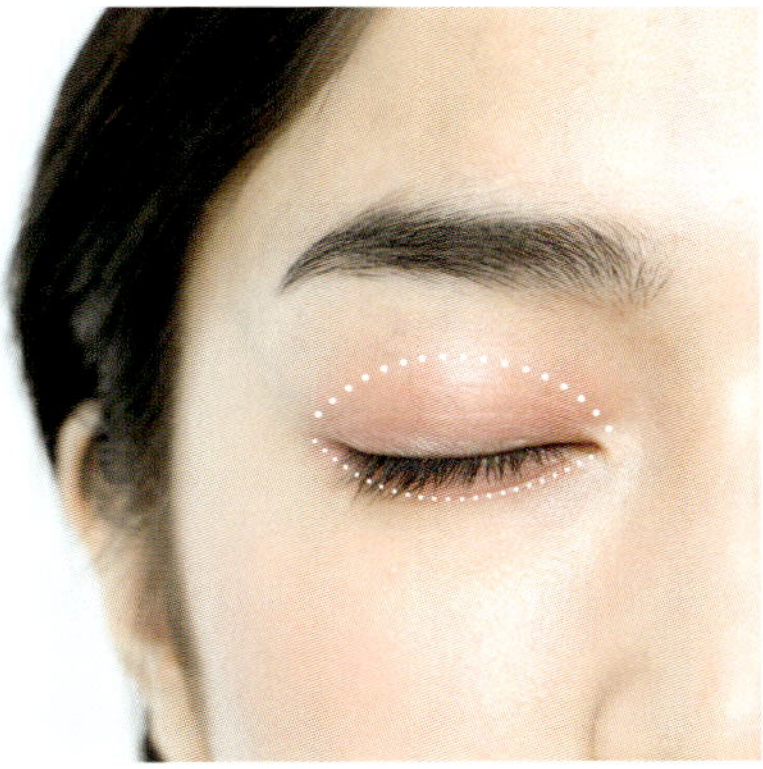

上下まぶたには、くすみピンクをなじませる

クリームチークを指に取って、アイホールと下まぶた全体にオン。上まぶたは、指をワイパーのように何度も往復させるとキレイに塗ることができます。

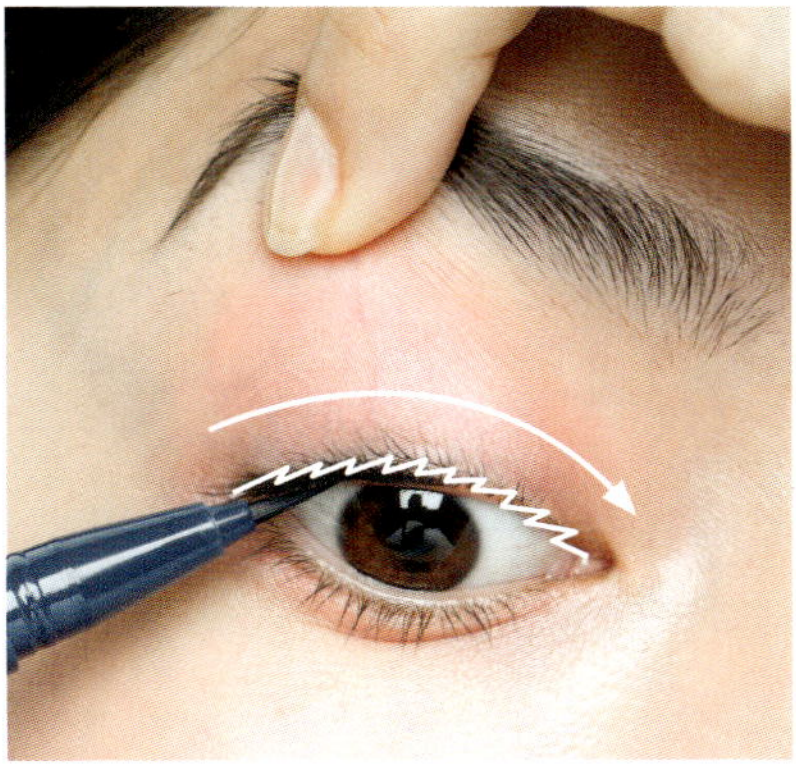

まぶたを持ち上げながら上まぶたのキワにネイビーラインを引く

指でまぶたをぐっと持ち上げながら、まつげの間を狙います。ラインを〝引く〟というよりも、小刻みに揺らしながら〝埋める〟イメージ。

＼ **地味作業だけどスゴイ！** ／

ネイビーラインの引き締め & 透明感 UP 効果

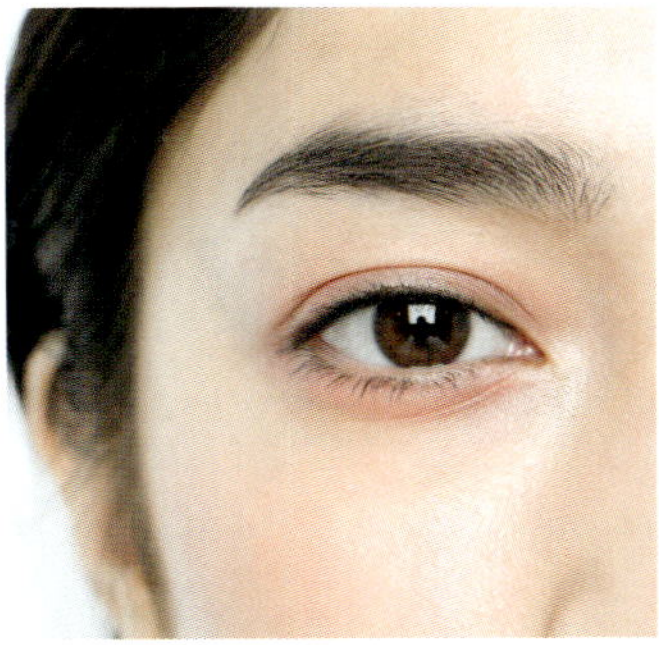

AFTER

青いラインを引いた感じはしないのに、輪郭がくっきりして目力UP！ そしてブルーの補色効果で、黄みがかった白目の透明感が高まりクリアになります。

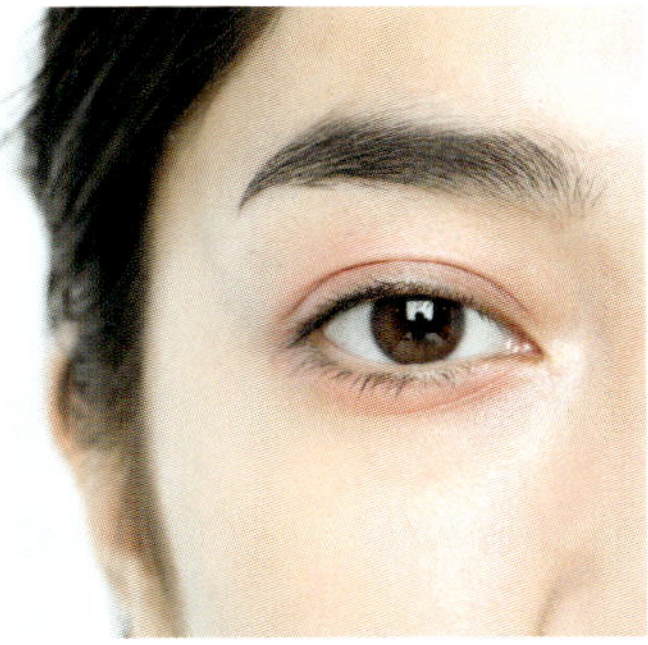

BEFORE

アイシャドウだけを塗った状態。まつげの隙間が空いていて、輪郭がぼんやりしているので、目元の印象が薄い。

チークとリップと目元は同じ色！
メイク感を足すというより
存在感を引き出す
潔いワントーンメイクに

HOW TO MAKE

「唇」「頬」etc.

☑ Lip　☑ Cheek

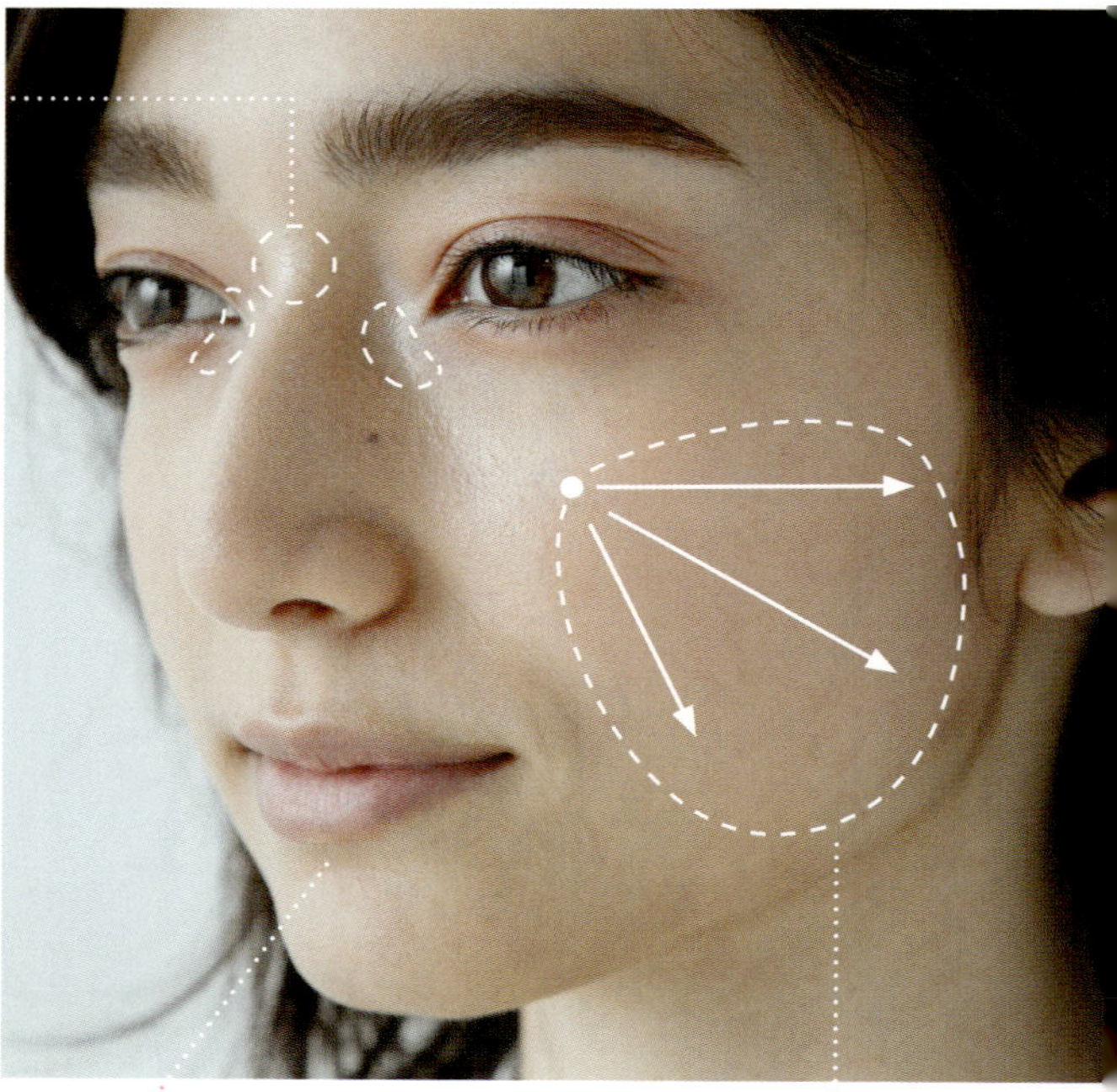

ハイライト

目元に3箇所、ツヤをプラス。たったこれだけで肌の立体感を一気に高める

年齢、肌色問わず使える抜け感テクニック。ハイライトスティックを指に取って、鼻筋の凹《へこ》んでいる部分と、目頭下にトントンとなじませます。顔の中央に光を与えることで、内から溢《あふ》れるような透明感と立体感を演出できます。肌をセミマットにしている分、この点の光が効いてきます。

ほんのりピンクがかった、ヌーディーなハイライト。RMK グロースティック ￥2,000

リップ

ツヤもパールも色の主張も一切なし。くすみピンクで唇をソフトに色付かせる

保湿用のリップバーム（P66）で唇のコンディションを整えてから、クリームチークを指に取り、唇全体にさらりと塗ります。このくすみに寄り添うピンクが、あどけないピュアな印象に映ります。

共通

触感はしっとり、伸ばすとパウダリーに変化。コスメデコルテ　クリーム ブラッシュ　PK850 ￥3,500

チーク

頬の下中心にチークを広くのばして、子供のリアルな血色を再現

可愛く見せるなら、頬の中央にまぁるく、と思うかもしれませんが、子供が高揚したときの頬は、下の方に広範囲に血色がでるもの。それを再現すべく、チークを指に取ったら、頬の黒目下からスタートさせ、エラに向けてフェードアウトさせるようぼかしていきます。

Column

眉が少ない人のための、毛並みUP術

毛になりすます
技ありペンで植毛！

「眉が少なく、毛並み感が出せない」「リキッドで毛を1本単位で描くのは難しい」そんな人におすすめなのが、4本線を一気に描ける技ありコスメ。安定感のあるペンタイプなので、力加減を意識しなくても、同じ細さ・濃さで描くことが可能。眉頭1cmはもちろん、眉がかなり薄い人なら、全体を描き足すのにも使えます。

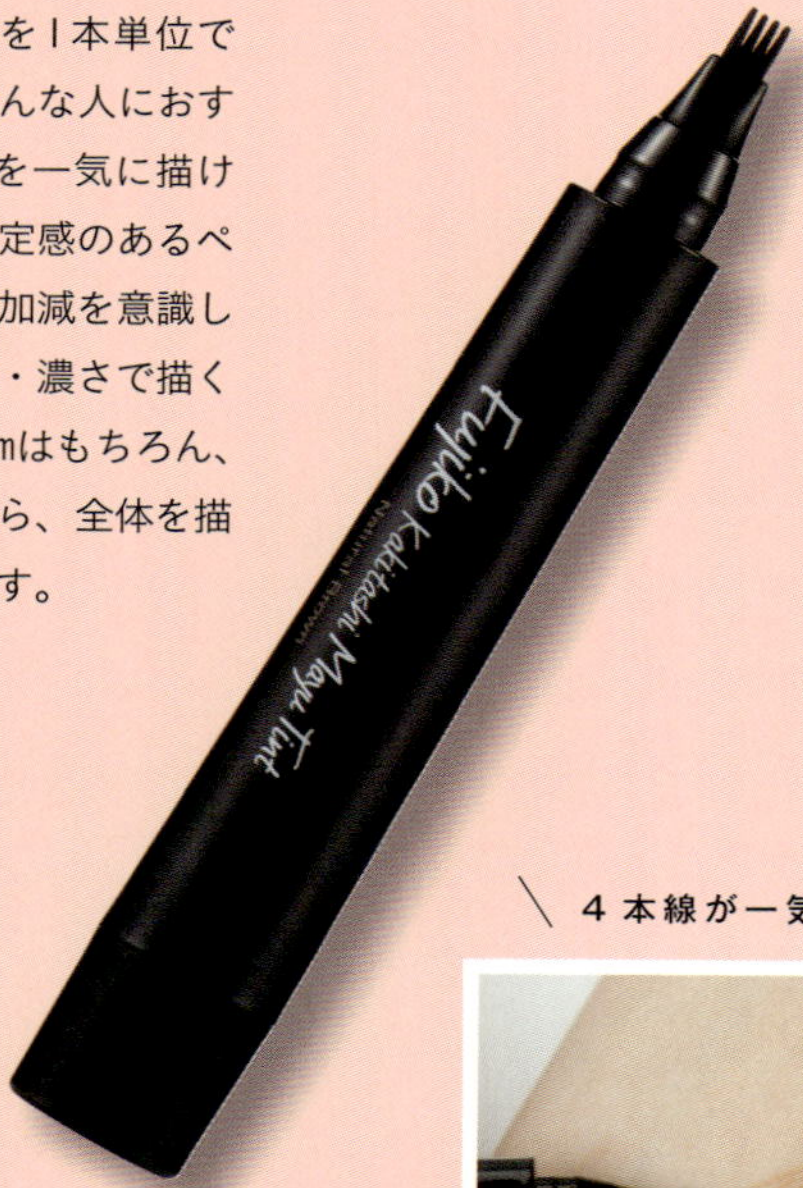

天然色素を使用した、肌に安心のティントペン。クレンジングオイルで落とせる手軽さもうれしい。フジコ　書き足し眉ティント 全3色 ¥1,200

＼ 4本線が一気に！ ／

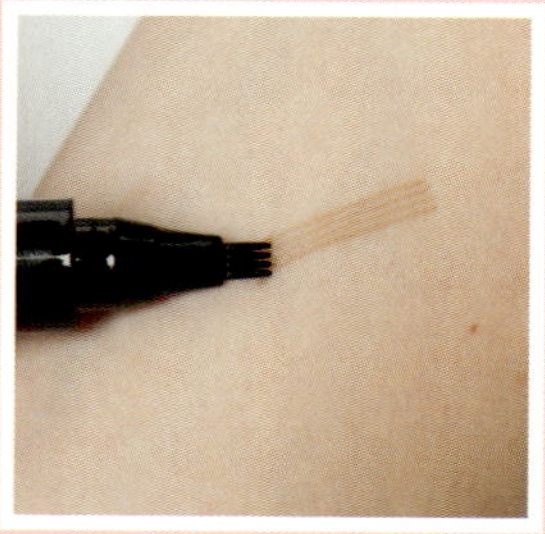

第三章

CHAPTER3

3つの顔メイク②

母性という名の包容力と安心感

どんな男性の心にも響く顔

「母性顔」メイクの作り方

数パーセントの甘えたい願望をくすぐる

「母性」顔メイク

SENSUAL MATERNAL FACE

あるときの彼女は慈悲深い母性溢《あふ》れる顔。
何もかもを許し、包み込んでくれる包容力と
優しげな眼差しは、弱り切った心までも癒やしてくれる。
でも彼女が持っているのはヤワな優しさだけではなかった。
「母」という生命力に満ちた力強さを
粘膜の血色に限りなく近いその赤い唇に秘めているのだ。

こんなシーンに効果的:

- 落ち込んでいる、
  あるいは弱っている男性に
- 後輩育成
- 相手を尊重しつつ、
  自分の意志も伝える
  交渉時

Imagine!

「母性顔」ってたとえばこんな女性

上司からはもちろん、後輩からの信頼も厚い。
ニュートラルな色の服を着ても、地味に見えず華やかな印象。
隣にいると香水ではない、いい香りが匂い立ってくる。
きちんとブローされた柔らかな髪は、入念な手入れの証《あかし》。
タレントでいうなら:
井川　遥、篠原涼子、石田ゆり子が持つ、女性にも
受ける艶っぽさ

右上・体にピタッとフィットするリブニットで女らしさを。ニット￥6,500（アンビエント）　右下・私らしいバラの香りをまとって。メゾン フランシス クルジャン　ア ラ ローズ センティッド ボディクリーム 250ml ￥11,000（ブルーベル・ジャパン）

ピアス￥14,000（ジュエッテ）、ダイヤのリング￥120,000・ゴールドのリング￥28,000（e.m.表参道店〈イー・エム〉）、ワンピース（スタイリスト私物）

❝母の包容力と優しさ、女としての色気がタッグを組んだ男を虜《とりこ》にする顔❞

ODAGIRI'S VOICE

母なる者の包容力に、〝現役感〟をプラスした、どんな男性の心にも響くメイクが「母性顔」。優しさに満ちた眼差しに、生命力と内なる潤いを感じさせるツヤやかな肌と高揚した頬。そして何よりも、「単なるお母さん」とは一線を画す女性らしさを印象づける、限りなく深い血色に染め上げられた唇。赤は、粘膜の延長線上にある一番深い色であり、本能に訴えかけるセンシュアルな色彩。平均値に甘んじない、血の通った女の強さと存在感を焼きつけることができます。普段は強がっている男性の中に隠れている甘えたい気持ち、安心感を求める心に強く訴えかけ、弱っていたり落ち込んでいる相手なら、即、虜《とりこ》に。オフィスでは、相手を受け入れつつ自分の意志も伝える交渉の場面や、後輩育成のシーンでも役立つでしょう。

ひと目でわかる「母性顔」メイクチャート

「眉」
Eyebrow

抜け感を出すように
アイブロウパウダー
を足す程度に。
髪色に近い色で
仕上げる

「目」
Eye

唇が強い分、
目元にも抜け感を。
アイテムは
ALL ブラウン縛り

KEY PARTS

「唇」
Lip

深い赤を
内側からにじませて、
母性が持つ芯の強さに
説得性を持たせる

「頬」
Cheek

頬は母性の温かみを
示すパーツ。
リアルな血色に近い
深め赤チークを
自然にぼかす

「肌」
Base

目周りだけ明るめの
ツヤ下地をオン。
自ずと顔の下半分が
シュッと細く見える
効果も

〝母性顔〟をメイクで引き出す 絶対的ルール

RULE 1：

ポイントは唇！「華やぎの赤」ではなく、内なる強さを表す「生命力の赤」をまとって

››PAGE60

慈愛に満ち溢れながらも、ブレない芯が通った女性。

それを表現するのが赤リップです。華やかでも、モードでもない、生命力の赤。

粘膜の延長線上にあるような、深い色味が叶《かな》えてくれます。

RULE 2：

目元に攻めのブラックはNG。包容力のブラウンで柔らかな表情に

››PAGE64

表情を司る目元は、どんな瞬間を切り取っても優しさで溢れるようなメイクを心がけること。

アイシャドウだけでなく、アイライン、マスカラなど、キワの部分もALLブラウンに統一。

瞳やまつげの〝黒〟の色素が弱まり、まろやかな印象へと導きます。

RULE 3：

ベースメイクはセミマット7：ツヤ3。これがセンシュアル感を醸し出す黄金バランス

顔全体をツヤ仕上げにすると、顔が膨張してしまう上、母性とは逆方向の〝欲望強め〟な顔に。
目の周りのゴーグルゾーンだけをツヤ下地でトーンアップし、
他はセミマットなファンデーションを指に取り、スタンプ塗りで軽め仕上げに。

右・内から湧き上がるような輝きを引き出す化粧下地。コスメデコルテ　ラクチュール ブライトニング ベース SPF20・PA++ 30g ￥3,500 左・厚塗り感がでにくい、素肌のような仕上がり。NARS ナチュラルラディアント ロングウェアファンデーション 全18色 30ml ￥6,100

KEY PARTS

「唇」

☑ Lip

覚悟を決めた深みのある女。
そんな母性を表すのは生命力の赤。
粘膜の延長線上の
一番深い赤を唇にまとって

マットなリップライナー

深みのある赤リップ

B

A

A・マットな質感で、見たまま大胆に発色。NARS プレシジョンリップライナー 9089 ￥2,700 B・唇の上をとろけるように滑り、マットに密着する赤リップ。資生堂インターナショナル SHISEIDO モダンマットパウダーリップスティック 522 ￥3,600

ほど良いツヤ肌、包容力と余裕を感じさせる温かな目元。それに対する唇は、「深い赤」で母性的な顔を作る

ODAGIRI'S VOICE

包容力がありつつ、守るべきものができた女の覚悟、強さを秘めているのが母性顔メイク。そもそもセンシュアルなパーツである唇。そこを、生命力の表れである深い赤に染め上げます。本来、エッジを描くためのリップライナーを内側に「仕込む」のもポイント。内側からにじみ出たような仕上がりは、女としての深みを与えてくれるはず。

リップメイクの落とし穴は、色落ちや輪郭のにじみなど、ちょっとした粗《あら》で途端に残念なメイクになってしまうこと。でもこれは仕方ないことではありません。たとえば色落ちに関しては、唇の正しい保湿や、リップペンシルの併用などで回避できます。このメイク、唇以外のパーツはとても簡単！　だからこそ、漫然とリップを塗るのではなく、ケアを含めてじっくり手間をかけてみてください。

HOW TO 唇の染め上げ方

1 リップバームを塗って ティッシュオフ

口紅の直《じか》塗りは、皮めくれや色落ちの元。必ず保湿用リップバームを塗って。表面をティッシュで軽く押さえて余分な油分をオフすると、リップのヨレを防げます。

やや固めの質感で、縦ジワもふっくらとケア。タカミ　タカミリップ 7g ￥2,176

2 リップ下地を塗って 唇のシワを埋める

保湿用リップバームとは別に、下地用リップを唇全体に重ねます。唇をフラットな状態に整える効果があり、シワへの色溜《だ》まり・にじみを未然に防ぎます。

重ねるリップの質感を損なわない下地。M・A・C　プレップ プライム リップ ￥2,700

3 フェイスパウダーを ひとはけする

皮脂吸着効果のあるフェイスパウダーをブラシに取り、唇の縁をひと撫で。こうすることでその後に塗る口紅などのフィット感が増し、もちも格段に良くなります。

右・パウダー、リキッドなどマルチに対応。資生堂インターナショナル　SHISEIDO MARU FUDE マルチ フェイスブラシ ￥3,500
左・NARS　ソフトベルベットプレストパウダー 1455 ￥5,000

4 リップライナーで 唇の内側を埋める

ペンシルを寝かせて持ち、左右に小刻みに動かして上下の唇の内側1/3を塗りつぶします。油分の少ないリップペンシルを内側に仕込むことで、色が落ちにくく。

ディープなバーガンディー色。NARS プレシジョンリップライナー 9089 ￥2,700

5　リップは内側から輪郭に向けて直塗り

上下の唇とも、リップライナーで埋めた中央部分から徐々に塗り広げていきます。このとき、唇の輪郭はキレイに取りすぎずに、ラフなままでOK。

資生堂インターナショナル SHISEIDO モダンマット パウダーリップスティック 522 ¥3,600

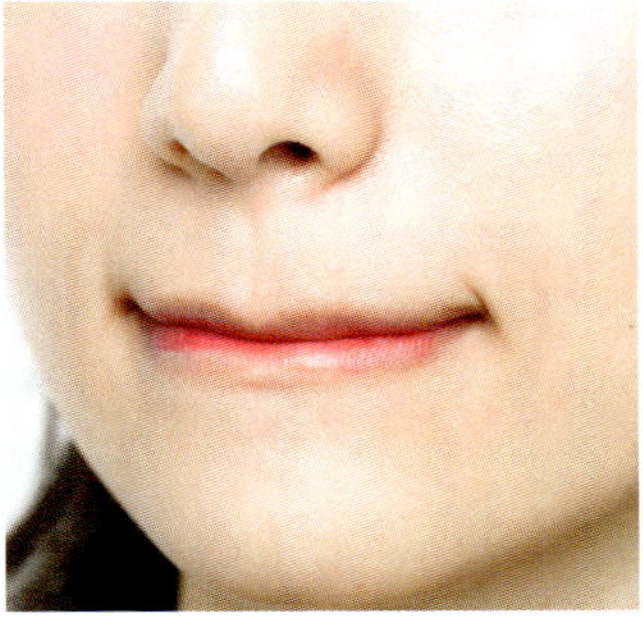

6　唇を合わせてリップをなじませる

口紅を塗ったら、両唇をはむっと合わせてなじませます。この時点でも、唇の輪郭はガタついていて大丈夫。ただし、輪郭からはみ出た部分は綿棒でオフして。

7　輪郭を指ですーっとなぞってぼかす

ここでようやく､輪郭部分の色ムラ補正。指を使って唇の縁を優しくなぞって。輪郭を縁取りながら、グラデーションのような仕上がりにしていきます。

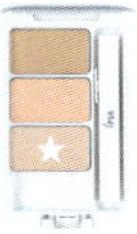

8　下の口角1cmにコンシーラーを引き、品のある唇に

口角のくすみや色にじみは、だらしない印象に直結するので注意。仕上げにコンシーラーの★で下唇の口角から1cmにすっと線を引き､指で優しくなじませます。

肌に同化する技ありカラー。イプサ　クリエイティブ コンシーラー EX SPF25･PA+++ ¥3,500

「目力」ではなく、
「優しさ」を与えるメイク。
ブラウンでまつげや瞳にある
〝黒〟の強さを和らげる

HOW TO MAKE

「目」

Eye

どのアイテムも重ね塗りせずさらっと仕上げに

チップタイプのリキッドアイシャドウで、まぶたのキワ付近に3か所ほど点置きしたら、指をワイパーのように左右に動かして、アイホールに塗り広げます。次に指でまぶたを持ち上げ、茶のアイライナーで上まぶたのまつげの間を埋めて。最後にパール入りの茶のマスカラを上まつげのみに一度塗りして完成です。

右・なじませると、みずみずしいリキッドからマットな質感にチェンジ。THREE アルカミストツイストフォーアイ 03 ¥3,500 中・軽く描ける柔らか芯。カネボウ化粧品　ケイト レアフィットジェルペンシル　BR-1 ¥1,100（編集部調べ）左・輝くツヤブラウン。イヴ・サンローラン・ボーテ　マスカラ ヴィニルクチュール 4 ¥4,400

明るさを仕込むパール下地と、
血色を仕込む練りチークで、
〝素肌からキレイ〟な肌感を
メイクする

HOW TO MAKE

「肌」「頬」

Base　Cheek

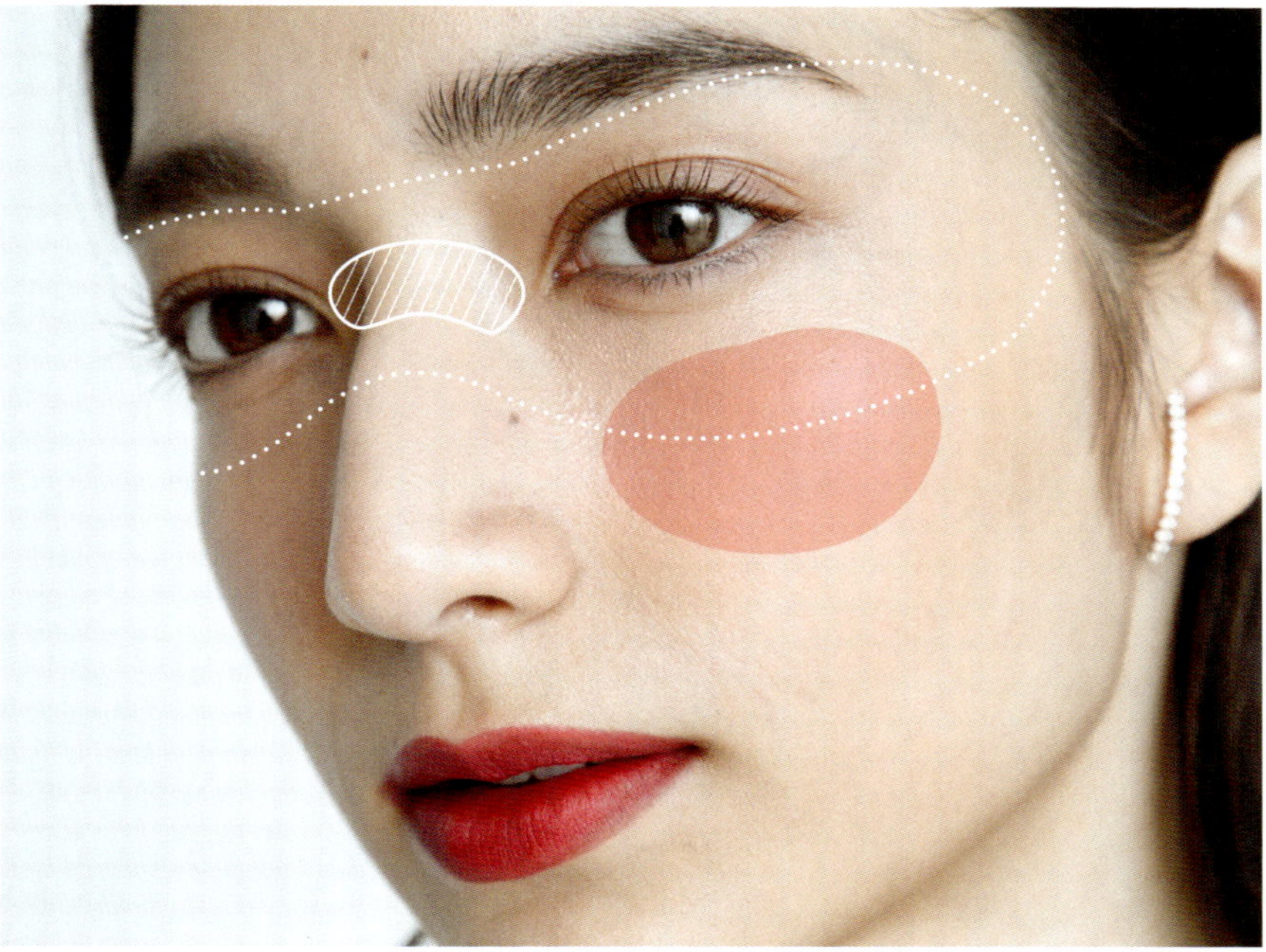

ベース

ゴーグルゾーンに塗布。くすみ、シミなどのエイジングサインをカモフラージュ

ファンデーションの前に、ツヤ下地を点線で囲んだ目の周りのゴーグルゾーンに薄く塗り、その後スポンジでなじませるとほど良い量が肌に残ります。目と鼻の間のブリッジ部分(斜線部)は二度塗りしてツヤ感をさらに上げて。

右・くすみを飛ばす発光下地。コスメデコルテ　ラクチュール ブライトニング ベース SPF20・PA++ 30g ¥3,500 左・リキッドのなじませに最適。資生堂　スポンジパフ アーティストタッチ 119 ¥850

チーク

くすんだ赤で、深みのある高揚感を演出

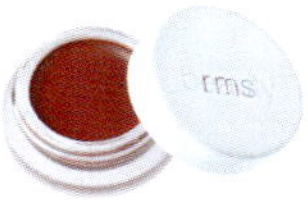

頬が高揚しているような自然な血色感で、母性の温かみを表現。肌になじむ茶赤チークを指に取り、目の下付近にポンと色を置き、何もつけていない指でポンポンとなじませながら上図の範囲に広げ、ぼんやりと発色させて。

保湿成分をたっぷり配合。rms beauty リップチーク イリューシブ ¥4,800(アルファネット)

Column

ガサガサ、皮めくれ……荒れた唇は 女の恥と心得よ！

唇を最高のコンディションに整える3種の神器

唇に注目が集まるリップメイク。よく見たら唇ガサガサ……なんて事態ではすべてが台無しです。リップメイクをする直前の保湿は大前提として、さらに発色・滑らかさ・メイクもちを高める方法。それは、唇を肌と同等に手厚くケアすること。角質をオフし、保湿し、密封。この3ステップをふめば、状態の悪い唇も見事ふっくらぷるん！ と復活です。

LIP WRAP SHEET

リップバームの浸透を良くするパック用シート。衛生的に持ち運べるため、出先でも手軽にパックができるスグレ物。アストレアヴィルゴ リップラップシート 40枚入り ¥300（シャンティ）

LIP BALM

保湿・荒れ防止・エイジングケアなど美唇に必要な要素をトータルでかなえる、美容成分たっぷりのリップバーム。スクラブ後によく塗り込みます。タカミ タカミリップ 7g ¥2,176

LIP SCRUB

角質を優しくオフしてくすみを払うシュガースクラブ。指でくるくると塗布した後に拭き取って。サラハップ リップスクラブ ブラウンシュガー 14g ¥3,400（スパークリングビューティー）

第四章

CHAPTER4

3つの顔メイク③

内に秘めたミステリアスな魅力

目覚める女の魔性

「小悪魔顔」メイクの作り方

相手の狩猟本能をくすぐる、芯の強い女

「小悪魔」顔 メイク

SWEET DEVIL FACE

多くを語らずして、人を魅了する
ミステリアスな存在感。
しかも男をたぶらかす悪女ではなく、
運も人も引き寄せてしまう抗《あらが》えない魅力の持ち主。
鮮やかな色を使わなくても自己表現できるのが
媚びない女の矜持《きょうじ》

こんなシーンに効果的:

- 何にもなびかない男性に対して
- カリスマ性をまといたいとき
- 意志を通したい大事なプレゼン

Imagine!

「小悪魔顔」って たとえばこんな女性

L・B・D（リトルブラックドレス）で颯爽《さっそう》と現れ、
服や髪型、アクセサリーなど色々と盛らなくても、
パーティ会場で一際映える女性。
爪先は潔く赤ネイルの単色塗り。
ウエットな質感のヘアで誰よりもこなれた雰囲気。
タレントでいうなら：
北川景子、長谷川 潤、武井 咲が持っている
眼差し力のある潔い雰囲気

右上・赤黒い色味。アディクション　ザ ネイルポリッシュ　036C 12ml ￥1,800 右下・ピアスやイヤリングではなく、イヤーカフでモードな味付けを。ビジューイヤーカフ ￥7,500（imac）

トップス￥8,500（DURAS）、ピアス￥5,900・〝Sea Rose〟のバングル［P83］￥13,000（imac）、
インナー（スタイリスト私物）

”高めの男は目で魅了する。ミステリアスな眼差しで惹きつける魔性メイク“

ODAGIRI'S VOICE

誰もが振り返る美女じゃなくても、男性を翻弄し虜《とりこ》にする魔性の女になりうるというのは、歴史が物語る真実です。あからさまに行くのではなく、吸い込まれるような魅力と静かな佇まいで惹きつけるのが小悪魔の真骨頂。このメイクの最大のポイントは「目は口ほどに物を言う」を体現する、奥行きのあるアイメイクです。

ミステリアスな眼差しを演出するのは、目元の粘膜に引いたチャコールグレーのインサイドライン。クレオパトラの時代から、究極の媚薬メイクとして使われてきたタイムレスなテクニックです。冒険したい相手や迷っている相手に効くほか、何にもなびかない男性を手に入れたいときの最終手段にも有効。意志を通したい大事なプレゼンや、プロジェクトを押し進めたいときは、このメイクの出番です。

ひと目でわかる「小悪魔顔」メイクチャート

「眉」
Eyebrow

ストレートに仕上げた
“ボーイブロウ《男の子眉》”で
女らしさよりも
意志ある強さを強調。
色はグレージュで

KEY PARTS

「目」
Eye

アイシャドウと
アイライナーでぐるりと
囲んで深みを出す。
媚びではなく自信を
語るような目元に

「頬」
Cheek

カラーチークは不使用。
ハイライトと
ローライト使いで
骨格を引き締める

「唇」
Lip

あえてシンプルな
透けたベージュグロスで、
ただの派手なメイクに
ならぬよう調整

「肌」
Base

小悪魔は、媚びない
マット肌！
リキッドファンデーションを
顔の中央から塗って
立体感を作る

〝小悪魔顔〟をメイクで引き出す 絶対的ルール

RULE 1:

ポイントは深みのある目元！ ただし、グラデーション使いは禁物

››PAGE74

小悪魔顔メイクで目指すのは吸引力のある目元。
でも、彫り深に見せたいからと色を重ねていくグラデーションアイメイクや、
つけまつげやまつげエクステで目力をつけてもノーブルには見えません。
囲み目＆ワンカラーで、驚くほどの陰影と相手を引き込む目元を作ります。

RULE 2:

目元以外のパーツは、 潔くヌーディに仕上げる

››PAGE79

気合いが入ってしまうとアイメイク、チーク、リップ、すべてが濃くなりがち。
でも、その頑張っている感は相手にも透けて見えるもの。
ポイントを目元に絞ったなら、他は「素材」に近い状態で勝負！
もちろん、〝元の素材がキレイ〟を装う最低限のメイクは施します。

RULE 3:

肌は潔いマットな質感が正解。 仕上がりをのっぺりさせないよう注意

ベースメイクもまた、その人間性を映す要素の一つ。
媚びない小悪魔顔には、ツヤツヤ肌ではなくマットな質感で。
リキッドファンデーションを顔の中央から外側に向けて指でスタンプを押すように
ポンポンと塗り広げると、「中央はしっかり、外側は薄付き」になり奥行き感が出てきます。

エフォートレスなマット肌に。ローラ メルシエ　フローレス フュージョン ウルトラ ロングウェア ファンデーション 30ml 全11色 ￥6,000

KEY PARTS ▼

「目」

☑ Eye

言葉なくして語る
ミステリアスな目元で勝負！
目元に深みが出てくる
メイクは意外と簡単！
グラデーション信仰は今すぐ捨てて

チャコールグレーのアイライナー

自然な長さが出るマスカラ

肌なじみのいい色のアイシャドウパレット

C

B

A

A・高発色なのに、ムラにならずふわっと肌になじむ。資生堂インターナショナル　SHISEIDO エッセンシャリスト アイパレット 05 ￥4,000　B・グレーと茶が混ざったような絶妙な色。濡れたようなツヤ感が色っぽい。アディクション　アイライナー ペンシル Rabbit Hole ￥2,500　C・まつげをキレイにとかしながら自然に長く。資生堂　マジョリカ マジョルカ ラッシュエキスパンダー ロングロングロング BK999 ￥1,200

目の奥に宿す ミステリアスな色気は 囲み目ならでは！ 〝コワく〟見えない アイメイクは可能です

ODAGIRI'S VOICE

「派手」「逆に目が小さく見える」と苦手意識を持つ人が多い囲み目メイクですが、上下にアイラインを引くと途端に、謎を秘めた雰囲気を帯びるもの。クレオパトラの時代から用いられ、今も海外セレブは華やかな場では必ずといっていいほど囲み目メイクが定番です。平たい顔の日本人が失敗しないコツは、黒ではなくチャコールグレーのアイライナーを選ぶこと。またアイメイクをグラデーションにすると〝作り物〟感が強く出てしまうので、潔く1色の深色で影を落とす程度に仕上げます。こうすればコワくも見えず、目も小さく見えないどころか、想像以上の小悪魔性があなたの顔に宿るはず。

HOW TO 小悪魔顔アイメイク

1

アイシャドウで目元を囲む

アイシャドウブラシで下のふたつの★を混ぜ、目をぐるりと囲みます。上まぶたは目のキワから眉の中まで広げることで、彫り深な目に。

質感が異なるアイシャドウがセット。資生堂インターナショナル SHISEIDO エッセンシャリスト アイパレット 05 ¥4,000 ブラシ(私物)

2

上まぶたのインサイドにアイラインを引く

目の奥行きを深めるため、アイラインは2段階で引いていきます。初めは、まぶたを持ち上げながらキワラインを。まつげの隙間は埋め尽くして。

さらりとした感触のオイルを使用し、快適な描き心地。ウォータープルーフタイプ。アディクション アイライナー ペンシル Rabbit Hole ¥2,500

3
アウトラインにもアイラインを

次にアウトラインを目頭から目尻に向かって、まつげの上に引きます。このとき目尻からラインをオーバーさせないこと。

4
上まぶたのアウトラインの縁を指でなぞってぼかす

３で引いたラインのエッジを、指でソフトになぞってぼかすと、〝線〟から〝影〟のように変わり、リアリティのある深みが増します。

5

下まぶたの粘膜にアイラインを引く

下まぶたの粘膜全体にラインを引いて。ラインが落ちやすいという人は、事前に綿棒で粘膜の水分を拭ってから引くと長持ちします。

＼その効果は絶大！／

6

マスカラは上まつげにさらっと塗る

目力＝マスカラでさらにボリューミーに、という衝動を抑え、ここは漆黒の奥ゆかしさのみを。まつげは上げずに、マスカラをさらっと塗る程度に。

滑らかにのびるマスカラ液がまつげを長く。資生堂　マジョリカ マジョルカ ラッシュエキスパンダー ロングロングロング BK999 ￥1,200

HOW TO MAKE

「唇」

☑ Lip

薄ベージュグロスで、ツヤと肉厚感のみプラスする

唇全体に薄膜を張るように、満遍なく直塗りを

目元に加えて唇まで盛るとオーバーな仕上がりに。あくまで目元以外は堂々と素材生かしのメイクで、内なる自信を示して。潤い・ボリューム・くすみケアをかなえるクリアなグロスを全体に塗って、唇の状態を底上げして。

唇をぷっくりさせるアメリカ発のメディカルコスメ。ラシャスリップス 323 ￥7,500（あおいクリニック銀座）

HOW TO MAKE

「頬」

☑ Cheek

**光と影で肌に凹凸をメイク。
骨格にメリハリがつくと
深い目元がさらに引き立つ**

A・熊野筆の技術を用いて、肌触りを追求。資生堂インターナショナル　SHISEIDO MARU FUDE マルチ フェイスブラシ ￥3,500　B・パウダーなのにクリームのような滑らかさで、肌に調和。資生堂インターナショナル　SHISEIDO インナーグロウ チークパウダー 09 ￥4,000　C・肌を引き締めながら立体感を与えるシルキー質感。ベアミネラル インビジブル ブロンズ ミディアム ￥4,000

”「チークは絶対必要」……この固定概念を崩せた女から メイクは垢抜《あかぬ》けていく“

ODAGIRI'S VOICE

昨今、ツヤ肌＝潤いは、女の色気と思われていますが、媚びなくても自信がある女が小悪魔顔。「マット肌でも私は素敵！」というオンリーワンの主張を肌で示します。とはいえ、のっぺりとしたマット肌はただの老け見え。薄膜で立体感のある肌に仕上げて（P73ルール3参照）。マットな肌感にしているので、顔にハイライト（明るい色）とローライト（暗い色）で骨格を際立たせる、いわゆるコントゥアリングが必要です。

コントゥアリングの良さは、メリハリと同時に小顔も叶えてくれること。パウダーなら比較的簡単にトライできます。「血色が欲しい」とピンクやオレンジのチークを塗らないよう注意。メイク情報過多で、途端に「何をしたいのかわからない顔」に映り、ミステリアスからほど遠い顔になってしまいます。

HOW TO コントゥアリング

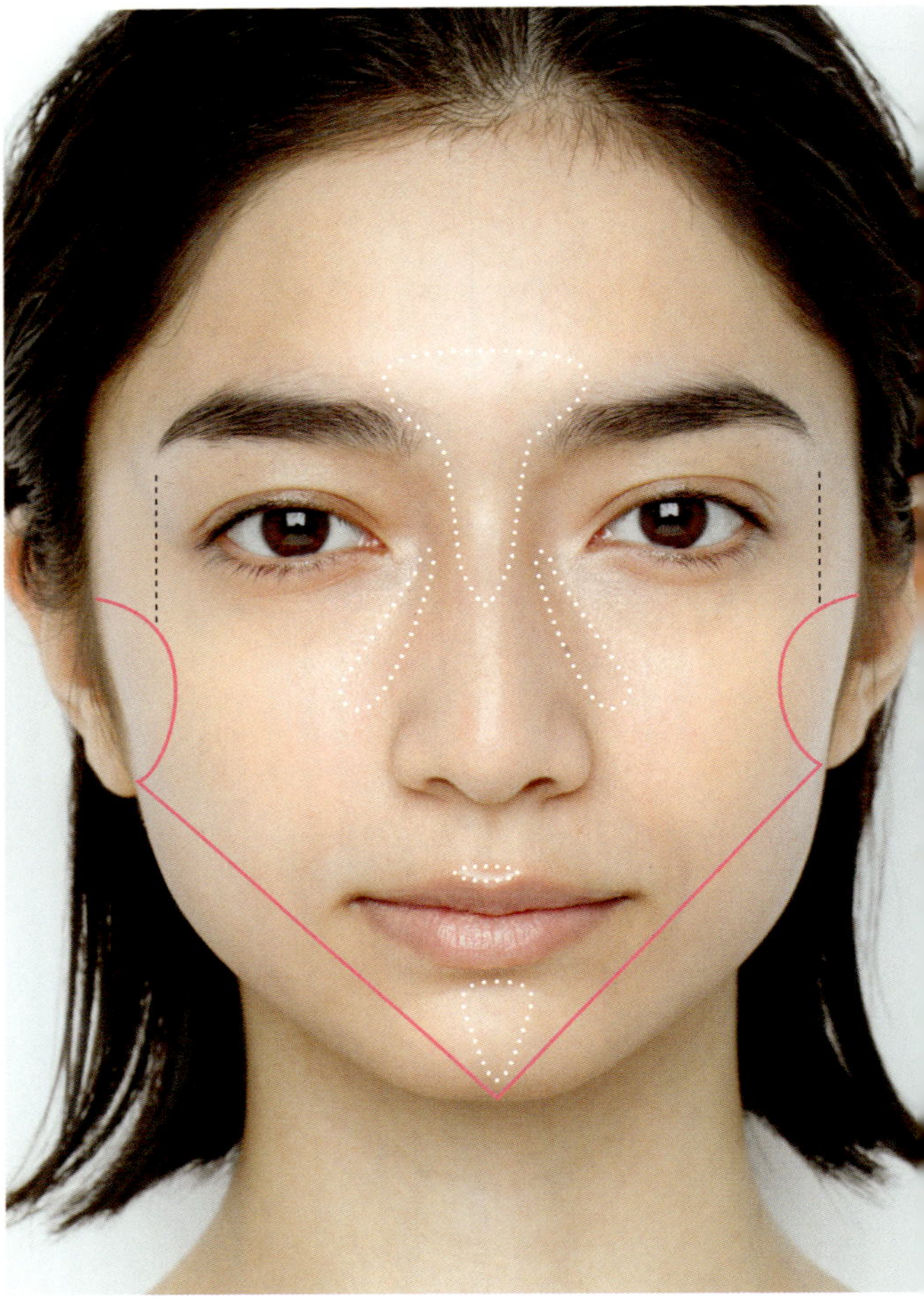

ハイライト

高さを出したい 顔の中央に光をプラス

ファンデーションを塗ったら、次はハイライト。ブラシにパウダーを含ませ、点線部分のTゾーン、目の下のくぼんでいる部分、あご先などにさっとひとはけ。顔の中央を明るくすると、チークレスでも華やかな印象に見せることができます。

肌と一体化するパウダー。資生堂インターナショナル SHISEIDO インナーグロウ チークパウダー 09 ¥4,000

ローライト

フェイスラインの「顔の余白」に影を入れて奥行きを出す

ブラシにローライトのパウダーを含ませたら、耳横を起点に放射状＆あご先に向けて優しく滑らせて。放射状に入れる際は、眉尻よりも内側に入らないよう注意。また、首との境目辺りまでパウダーをのばすと、境界線がバレにくく自然な影に近づきます。

ふわっとぼやけるパール入りで失敗しにくい。ベアミネラル インビジブル ブロンズ ミディアム ¥4,000

横から見ると…

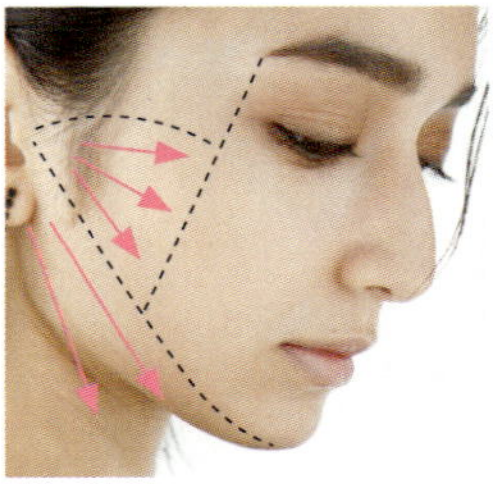

Column

化粧崩れ防止の一手は、フェイスパウダーのブラシづけ

下まぶたに仕込んでおくと粘膜ラインさえもにじまない！

小悪魔顔メイクの肝となる囲み目メイク。「奥二重だからアイラインが落ちてまぶたについてしまう」といった声をよく聞きます。アイラインに限らず、化粧崩れを避けるには、スキンケアやファンデーションの油分を事前に抑えることが大切です。アイメイクの前に、皮脂吸着効果のあるパウダーをまぶたにブラシでひとはけするだけで効果てきめん。ちなみにP43では眉、P62では唇にこのテクニックを使用。是非、試してみてください。

B

A

A・ギラつかず肌になじむ、仕込みに最適な質感。NARS ソフトベルベットプレストパウダー 1455 ¥5,000 B・先端が細く、細かな部分にも対応できる。資生堂インターナショナル SHISEIDO MARU FUDE マルチ フェイスブラシ ¥3,500

＼ここでも使いました！／

「母性顔メイク」 ››PAGE62

第五章

CHAPTER5

自分が変われば、周囲からの扱われ方も変わる

すべてが好転し始める！

「3つの顔」メイクをコンプリートしたその先にあるもの

”3つの顔を使い分ける習慣をつけること。手洗いや歯磨きと同じです“

ODAGIRI'S VOICE

さまざまな顔を使い分ける天性のエッセンスを、誰でも簡単に取り入れられるように考案したのが「3つの顔」メイクです。ただし、よほど素質がない限り、ちょっと試すだけでは、このメイクの真価を味わい尽くすことはできません。3つの顔を自然に使い分けられるようになるまでは、シーンに合わせてどの顔がふさわしいのかを考え、実践することを習慣化してほしいのです。家に帰ったら手を洗い、食後や寝る前に歯磨きをするのと同じ。一度習慣化してしまえば、考えなくてもできるようになります。最初はあれこれ戦略を巡らせて使い分けていた「3つの顔」を、無意識でサッと切り換えられるようになったとき、メイクスキルも女としてのステージも、自然とランクアップしているはずです。

いつまでも、若く可愛くいたいと願う、健気《けなげ》な女心。けれども、その欲望がエスカレートすると、せっかく覚えた「３つの顔」が足を引っ張ってしまいます。何よりも捨てるべきは、若さへのしがみつきと、過ぎ去った時代への執着。老いはどんな人にも平等に訪れます。心が若いからといって、その若さを見た目でもアピールしようとすると、どうしても不自然になってしまいがち。年齢による変化には、抗わずに寄り添う心構えでいた方が、雰囲気や佇《たたず》まいまで美しい、いつまでも鮮度の高い人でいられます。ケミカルでフェイクな顔にならないよう、まつげエクステやカラコンも卒業を。また、メイクを覚えた時代の顔や全盛期のメイクを引きずらず、時代に合わせてアップデートする柔軟性も大切です。いつもの「昔からの手癖でやるメイク」を混ぜ込まずに、まっさらな気持ちで「３つのメイク」を取り入れてみてください。そうすれば、あなたの真の全盛期はまだこれからやってくるはずです。

”いい男がいないと思うなら
あなたがいい女になればいい“

「いい男《ひと》いませんか？」と訊かれたら、「まずは、あなたがいい女になればいい」と答えます。なぜなら、他人や環境を変えることは難しいけれど、自分のことであれば変えられるからです。そして、自分が変われば、寄ってくる男性の質も周囲の扱いも、環境もだんだんと変化し、すべてが好転する。これは今まで会ったたくさんの女性を見ていても、僕の実体験からも言える法則です。

　ちなみに、僕が考える「いい女」とは、仕事でも趣味でも何か一心に打ち込めることがある、一本筋の通った人。内側に自立した芯があると、それが雰囲気にも現れるし、メイクも俄然《がぜん》生きてくる。ティーンや20代前半ならいざ知らず、大人になったら芯を養うこと。メイクの腕を磨くのに負けず劣らず、大事なことです。

”イライラしながら
メイクをすると
トゥーマッチになりがち。
まずは、リラックス“

ODAGIRI'S VOICE

メイクのコツや仕上がりは気にするけれど、「どんなで気持ちでメイクをするか」には無頓着《むとんちゃく》な人がほとんどなのではないでしょうか。イライラしているときや、嫉妬や強すぎる欲望が渦巻いているときは、メイクをする手にもついつい力が入り、トゥーマッチになりがち。いい加減は、心の余裕から生まれます。荒ぶったメンタルを一度鎮めてから、リラックスして鏡に向かうと仕上がりの美しさに差がつきますよ。僕は仕事中のメイクルームに波の音やせせらぎ、小鳥のさえずりなどのヒーリングミュージックを流しています。さらに、モデルに合わせて、アロマを使い分けています。クリーンにしたいときはティーツリー、女度アップならローズやゼラニウム、リフレッシュならマンダリンがおすすめです。

「３つの顔」メイクは、言うなれば欲しいものを手に入れるための戦略であり、処世術。ＴＰＰＯを読み間違えないように、シーンに合わせた使い分けを頑張ってください。慣れてきたら、少女のフレッシュな顔で出社し、アフターファイブは赤リップを足して母性を足すなど、アドリブを効かせることもできるようになるはずです。人や場所、シーンを連想しつつ、媚びない気持ちでメイクしましょう。そして、自分の引き出しを増やし、人をハッとさせるようなコントラストを持つ女になりましょう。「３つの顔」メイクを通して、自分を知り、真に求めているのはどんな人生なのかを自らに問いかけてみましょう。意識してメイクすることが、あなたの進むべき道を照らし、きっと味方になってくれるはずです。

あとがき

AFTERWORD

みんなと同じが安心な時代、平均値＝美人とされた時代が、
終わりを告げようとしています。
ＳＮＳが発達し、今や個としての輝きが職業にまでなるほど。
自分らしさが尊ばれる新しい世界は、もう始まっています。
みんなと一緒は、今は安心かもしれないけれど、
その先は行き止まりかもしれません。
ワンオブゼムから抜け出せず空回りしている人、
自分らしさや個性を見つけ出すことができず
もがいている人、ためらっている人に、
「3つの顔」メソッドを捧《ささ》げます。
メイクはもちろん、ファッションでもライフスタイルでも、
自分らしさは「好き」を積み重ねた先に見つかります。

この本で紹介した全く違う3つの個性、
全くバランスの違う3つのメイクを試せば、
あなたの顔、ひいては内面に眠っていた個性が引き出され、
意外な「好き」が見つかることでしょう。
平均値から抜け出すメイクの冒険を通して、
本当の「好き」、本当のあなたを見つけてください。
初めは、たった「3つの顔」かもしれません。
でも、その先にはオンリーワンな
「あなただけの顔」が待っています。
3つの顔を持つ新しいあなたに、
たくさんの幸せな出会いが訪れますように。

——小田切ヒロ

SHOP LIST

掲載商品協力店　お問い合わせ先

COSMETICS

RMK Division	0120·988·271
あおいクリニック銀座	☎ 03·3569·0686
アディクション ビューティ	0120·586·683
アルファネット	☎ 03·6427·8177
イヴ・サンローラン・ボーテ	☎ 03·6911·8563
イプサお客さま窓口	0120·523543
エテュセ	0120·074316
エトヴォス	0120·0477·80
MiMC	☎ 03·6421·4211
エレガンス コスメティックス	0120·766·995
カネボウ化粧品	0120·518·520
グッズマン	☎ 075·353·1778
コーセー	0120·526·311
コスメデコルテ	0120·763·325
資生堂インターナショナルお問い合わせ先	0120·81·4710
資生堂お問い合わせ先	0120·81·4710
シャンティ	0120·56·1114
スパークリングビューティー	☎ 06·6121·2314
THREE	0120·898·003
タカミ	0120·291·714
NARS JAPAN	0120·356·686
フジコお客様相談室	0120·91·3836
ブルーベル・ジャパン 香水・化粧品事業本部	0120·005·130
ベアミネラル	0120·24·2273
M·A·C（メイクアップ アート コスメティックス）	☎ 03·5251·3541
ローラ メルシエ ジャパン	0120·343·432
ロクシタンジャポン カスタマーサービス	☎ 0570·66·6940

CLOTHING

アンビエント	☎ 03·5772·6470
e.m. 表参道店	☎ 03·5785·0760
imac	☎ 03·6458·6656
ジュエッテ	0120·10·6616
DURAS	☎ 03·5772·6316
レディメイド	☎ 03·6433·5785

★掲載している商品はすべて本体（税抜き）価格表記で、2019年2月時点の情報です。

STAFF

撮影／菊地泰久（vale.／モデル）、
五十嵐美弥（静物）
ヘア＆メイク／小田切ヒロ（LA DONNA）
スタイリスト／小川未久
モデル／高瀬真奈
文・取材／長田杏奈
メイク取材・撮影協力／野澤早織
装丁・本文デザイン／髙橋桂子
校閲／玄冬書林
DTP／昭和ブライト

小 田 切 ヒ ロ

HIRO　ODAGIRI

ヘアメイクアップアーティスト
LA DONNA所属。資生堂美容技術専門学校卒業。ヘアサロン勤務を経て、外資系化粧品会社へ。日本一の売り場でトップ美容販売員にまでなる。その後LA DONNAに入社し、藤原美智子氏に師事。ナチュラルからリアルモード、ハイファッションまで幅広いメイクテクニックと、独自の審美眼で語る美のセオリーや格言は、多くの女性から熱く支持されている。著書は『小田切流小顔道　自分でつくるキレイで、人生を変える』（講談社）、『大人のキレイの新ルール　捨てる美容』（世界文化社）、『美容中毒』（幻冬舎）。インスタグラムアカウント：hiro.odagiri

愛・名声・美貌…女の人生攻略メイク術
すべてを手に入れた女には３つの顔がある

2019年2月26日 初版第1刷発行

著者　小田切ヒロ

発行人　小川美奈子
発行所　株式会社小学館
〒101-8001　東京都千代田区一ツ橋2-3-1
☎03·3230·5192（編集）
☎03·5281·3555（販売）

印刷所　凸版印刷株式会社
製本所　株式会社 若林製本工場

ISBN978-4-09-310881-2

制作／遠山礼子・星一枝　販売／小菅さやか　宣伝／野中千織　編集／益田史子